Josef Guggenmos

Was denkt die Maus am Donnerstag?

123 Gedichte für Kinder
mit 56 Grafiken von Günther Stiller

Deutscher
Taschenbuch
Verlag

Von Josef Guggenmos sind außerdem bei dtv junior erschienen:
Sieben kleine Bären, Band 7082
Deutsche Sagen und Schwänke, Band 7353
Der Hase, der Hahn und die Kuh im Kahn, Schreibschrift,
Band 7502

Ungekürzte Ausgabe
1. Auflage April 1971
11. Auflage März 1980: 125. bis 134. Tausend
Deutscher Taschenbuch Verlag GmbH & Co. KG,
München
© 1967 Georg Bitter Verlag KG, Recklinghausen
ISBN 3-7903-0095-0
Umschlaggestaltung: Celestino Piatti
Gesamtherstellung: Ebner Ulm
Printed in Germany · ISBN 3-423-07001-3

Mein Haus

Mein Haus ist das schönste
auf der Welt.
Was habe ich alles
hineingestellt?

Der Tisch ist aus Holz,
die Schere aus Stahl.
Der Teller ist rund,
der Spiegel oval.

Wo ist der Saft?
In den grünen Flaschen.
Was ist im Napf?
Etwas zum Naschen.

Was tu ich am Montag?
Da wird gesungen.
Was tu ich am Dienstag?
Da wird gesprungen.

Am Mittwoch
klappere ich mit dem Topf.
Am Donnerstag
stehe ich auf dem Kopf.

Am Freitag
gilt es, Holz zu hacken.
Am Samstag
werde ich kneten und backen.

Kommst du am Sonntag
mich besuchen,
darfst du den Kuchen
auch versuchen.

Die drei Grafen

Ein Schiff zieht in den Hafen,
tut, tut.
An Deck stehen drei Grafen
mit blaugrauem Hut.

Drei Grafen mit roten Nelken am Rock.
Drei Grafen mit einem silbernen Stock.
Sie haben Diamanten am Ring
und tragen unter dem linken Arm
in Seidenpapier
ein besonderes Ding.

Die drei Grafen lachen und singen.
Was werden sie uns bringen?

Wick

Hinter Idaroberstein,
hör zu und laß dir was sagen,
sitzen drei Zwerge
vor dem Berge
und reden von alten Tagen.

Der erste heißt Schnack,
der zweite heißt Schnick,
der dritte heißt
Schnigelschnagelguckgagelzibelzabeldiwick.

Manche Herrn
und gewisse Damen
lernen nie seinen Namen.
Nein.

Aber du,
wenn du ihn triffst,
sagst einfach: »Tag, Wick!
Weißt du mir einen Edelstein?«
Dann schenkt er dir ein schönes Stück.

So ein Kerl
ist Schnigelschnagelguckgagelzibelzabeldiwick!

Besuch

War ein Ries' bei mir zu Gast,
sieben Meter maß er fast,
hat er nicht ins Haus gepaßt,
saßen wir im Garten.

Weil er gar so riesig war,
saßen Raben ihm im Haar,
eine ganze Vogelschar,
die da schrien und schwatzten.

Er auch lachte laut und viel,
und dann schrieb er mir zum Spiel
– Bleistift war ein Besenstiel –
seinen Namen nieder.

Und er schrieb an einem Trumm:
MUTAKIRORIKATUM.
Ebenso verkehrt herum,
ja, so hießt der Gute.

Falls ihr einen Riesen wißt,
dessen Name also ist
und der sieben Meter mißt,
sagt, ich laß ihn grüßen!

Fritz Stachelwald

Bei Nacht und Nebel durch den Park
marschiert der Polizist Hans Stark.

In einem Strauche rührt sich was.
Ein Niesen, Schnaufen. Was ist das?

»Heraus! – Ich schieße! – Wird es bald?«
Zum Vorschein kommt Fritz Stachelwald.

»Ach Igel, du streifst noch herum?
Das darfst du gern. – Entschuldigung!«

Mir ist eine Maus entlaufen

Hört, was ich tat.
Ich setzte in die Zeitung
ein Inserat.

MIR IST MEINE MAUS ENTLAUFEN.
EINE MAUS MIT AUGEN SCHWARZ UND LIEB.
WER SIE BEHÄLT, DER IST EIN DIEB.

Da brachten mir heute
fünfundsiebzig Leute
eine Maus ins Haus.

Jetzt habe ich im Häuslein
fünfundsiebzig Mäuslein,
alle mit Augen schwarz und lieb,
alle mit Augen rund und groß.
Alle betteln: Gib, gib!
Was mache ich bloß?

ABC

ABC
Der Hase sitzt im Klee.
DE
FGH
Der Hase sitzt noch immer da.

IK
Wer kommt da?
L
So schnell?
M und N
Das ist einer, den ich kenn!

O
Der Hase lief davo . . .
PQ
RST
UVWXY
Der Has' lief wie der Blitz davon.

»Oh, wenn ich ihn hätt!«
ruft der Fuchs.
Z.

Ein Elefant marschiert durchs Land

Ein Elefant marschiert durchs Land
und trampelt durch die Saaten.
Er ist von Laub und Wiesenheu
so groß und kühn geraten.

Es brechen Baum und Gartenzaun
vor seinem festen Tritte.
Heut kam er durch das Tulpenfeld
zu mir mit einer Bitte.

Er trug ein weißes Kreidestück
in seinem langen Rüssel
und schrieb damit ans Scheunentor:
»Sie, geht es hier nach Brüssel?«

Ich gab ihm einen Apfel
und zeigte ihm die Autobahn.
Da kann er sich nicht irren
und richtet wenig an.

Wissenschaft

Was machen zwei Ochsen?
Ein ganzes Paar.
Was machen zwölf Hasen?
Ein Dutzend gar.
Der Mohr ist schwarz
und abwaschbar.
Und viele Mohren
sind eine Schar.

Daß ich das weiß,
das freut mich sehr.
Ich habe ein Heft,
das Heft ist leer.
Ich schreibe hinein,
die Kreuz und Quer,
alles, was ich weiß,
und noch viel mehr.

O unberachenbere Schreibmischane

O unberachenbere Schreibmischane,
was bist du für ein winderluches Tier?
Du tauschst die Bachstuben günz nach Vergnagen
und schröbst so scheinen Unsinn aufs Papier!

Du tappst die falschen Tisten, luber Bieb!
O sige mar, was kann da ich dafür?

Wenn wir Schnecken wären

Gingen wir als Schnecken, Peter,
in der Stunde gar fünf Meter,
sprächen wir: »Welch große Tat!«

Wir schwärmten sehr für Kopfsalat,
und würden nach Gemüse schielen
mit unsern Augen, hoch auf Stielen.

Wir gingen in die Welt hinaus,
und blieben doch stets halb zu Haus.
Wie gut, sein Haus dabeizuhaben!

Was gibt's nicht alles: Mädchen! Knaben!
Und käm ein Kind, uns anzutupfen,
gleich würden wir ins Häuslein schlupfen.

Affenschule

Die Schule ist ein schönes Ding.
Man braucht sie, das ist wahr.
Auf einem umgestürzten Baum
saß eine Affenschar.

Man hatte sie dorthin geschickt,
zu bilden den Verstand.
Der Lehrer war drei Tonnen schwer,
ein gescheiter Elefant.

Der Lehrer nahm mit seinem Rüssel
die Schüler bei den Ohren.
Sie lernten nichts, sie lärmten nur,
alle Mühe war verloren.

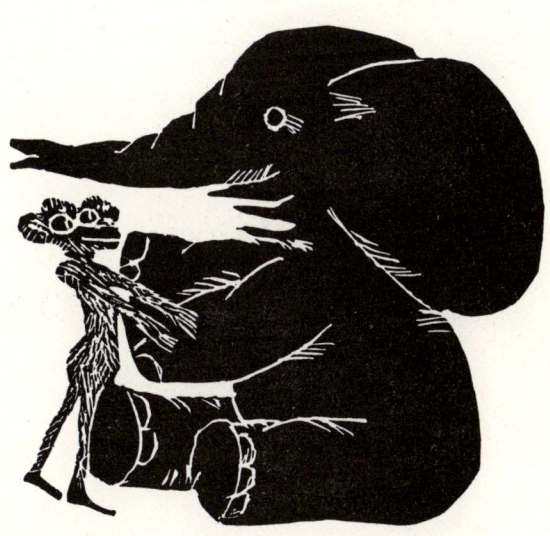

Im D-Zug

Wie die langen Stangen rennen!
Wie die Bäume laufen können!
Zäune wandern, und jetzt starten
Wäscheleine, Haus und Garten.

Im Garten, wie im Schiff, vorbei
fahren Kinder, eins, zwei, drei.
Könnt ich bei euch sein, wir vier,
gute Freunde wären wir.

Aus Glas

Manchmal denke ich mir irgendwas.
Und zum Spaß
denke ich mir jetzt, ich bin aus Glas.

Alle Leute, die da auf der Straße gehen,
bleiben stehen,
um einander durch mich anzusehen.

Und die vielen andern Kinder schrein:
»Ei, wie fein!
Ich, ich, ich will auch durchsichtig sein.«

Doch ein Lümmel stößt mich in den Rücken.
Ich fall hin . . .
Klirr, da liege ich in tausend Stücken.

Ach, ich bleibe lieber, wie ich bin.

Mücken

Mücken leben sehr gefährlich,
weil ein jeder, falls er sie erwischt,
sie von Herzen gern zu Tode drischt.
Worauf sie traurig an den Wänden kleben.

Nur Adam Riese läßt sie weiterleben.
Das finden sie sehr nett von ihm. Zum Dank
erzählen ihm die Schlingel manchen Schwank.

Und verraten ihm so dies und das.

(Zum Beispiel wundere es sie sehr,
daß ein Omnibus-Chauffeur
genau so schmecke wie ein Millionär.)

Am Rand der Insel Kalikula

Am Rand der Insel Kalikula
saß ein Junge. Was tat er da?
Das Wasser spritzte weit umher,
er planschte mit den Füßen im Meer.
Dieses war verboten zwar,
doch er fand es wunderbar.

Da schoß herbei
ein böser Hai
und schnappte nach den Zehen.
Da konntest du was sehen!
Wie der Blitz zog der Junge die Füße ein.
Er planschte nie mehr, nein, nein, nein!

Bei uns, wir haben es besser,
schwimmt kein Hai, das Maul voller Messer.
Doch genauso schnell kommst du in Not.
Stehst du vor der Straße, denke daran:
Bei Grün darfst du hin,
bei Rot bist du tot!

Wenn ein Auto kommt

Wie es die Hühner machen,
das weißt du doch.
Sie müssen geschwind unbedingt
auf die andere Seite noch.

Daß wir wie aufgeregte Hennen
blindlings über die Straße rennen,
kann's das bei uns geben? –
Nie im Leben!

Wieviel wiegt ein Fink?

Ich schrieb einen Brief
nach Amsterdam.
Er hat gewogen
zwanzig Gramm.

Da kam geflogen
zum Fenster herein
ein Fink.
Der sagte: »Pink!
Ich möchte auch gewogen sein.«
Schwups, saß er auf der Waage.

»Was«, rief ich, »du Wicht,
nicht mehr als mein Brief
ist dein ganzes Gewicht?«

»Ach«, meinte der Fink,
»mehr brauche ich nicht.
Denn wäre ich schwer,
könnte ich nicht
fliegen so flink.
Pink!«

Die Giraffe mit ihren Beinen

Mit ihren Beinen,
den langen, kam eine Giraffe
nach Wien gegangen.
Dort hat sie sich,
weil es ihr so gefällt,
auf die Straße gestellt
und beguckt
von hoch oben die Welt.

Hinter ihr
entsteht ein Gedränge.
Da hupen Autos in Menge –
die haben es schwer:
Gleich einem gelbkarierten Berge
sperrt die Giraffe
den ganzen Verkehr!

Doch aus Gefälligkeit
macht sie die Beine breit.
Jetzt können die Autos,
die blechernen Zwerge,
in langen Scharen
unter ihr durch
wie durch einen Tunnel fahren.

Vorbei ist aller Verdruß.
Sogar der Schutzmann
muß sie loben.
Und zu allem Überfluß
kriegt sie noch auf ihre Nase
hoch droben
von der kleinen Rita Glock
einen Kuß
aus dem zweiten Stock.

Wer kommt gekro–?

Wer kommt gekro–,
wer kommt gekro–,
wer kommt gekro–,
kro–krochen?
Das Kro–, das Kro–,
das Krokodil,
das Kroko–, Kroko–,
Krokodil
mit seinem großen Magen,
kann Kinder gut vertragen.
Drum zieht's daher mit Grausen,
uns alle zu verschmausen.
Das ist nicht lieb,
du böses Tier,
es wäre um uns schade.
Drum friß uns nicht,
du kriegst dafür
ein Stücklein Schokolade.

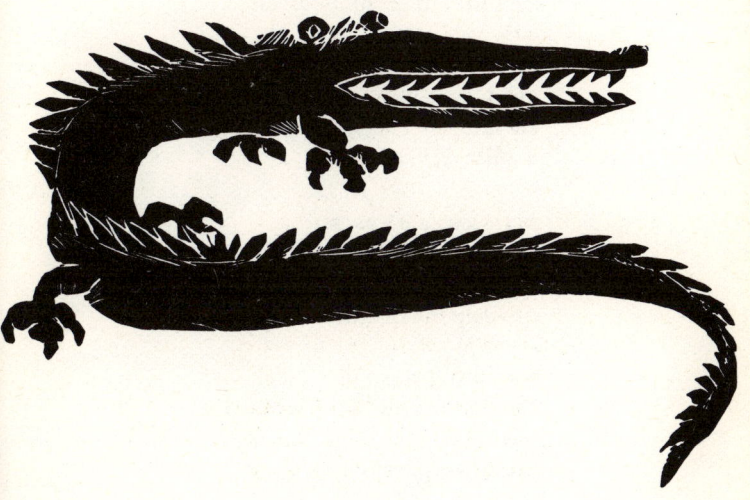

Halb so schlemm

Es war mal eine Kateze,
die hatte so ein Gefühl.
Da sagte Doktor Gripsgrari:
»Sie haben ein e zuviel!«

Er putzte seine Brille
und räusperte sich: »Ha hemm!
Ich muß Sie operieren,
das ist nur halb so schlemm.«

Der Doktor nahm die Schere
und schritt zur Operation.
Die Türe war offengeblieben,
da lief das e davon.

Es rannte über die Straße,
ei guck, in Hausnummer neun.
Gripsgrari mit der Schere
kam bald drauf hinterdreun.

Er ging hinein und fragte:
»Ist hier vielleicht ein e . . .?«
Da saß eine Tanete,
die nähtetetete.

Margrete, die Tanete,
sie sah ihn strafend an
und sprach zu ihm: »Sie Schlimmer,
das geht Sie gar nichts an.«

Sie stach ihn mit der Nadel.
Der Doktor rief: »Ha hemm!«
Und ging nach Haus und sagte:
»Ist alles halb so schlemm.«

Der Sperling Roderich

Was tut zu seinem Zeitvertreib
der Sperling auf dem Birnbaumzweig?

Er kneift die beiden Augen zu
und denkt, er sei ein Kakadu.

Er denkt: Es ist wahrhaftig wahr,
ich bin ganz bunt und wunderbar.

Da schreit die Amsel: »Roderich,
der Kater naht! Gleich frißt er dich!«

Der Kater Schnappldorowitz
hebt seine Krallen scharf und spitz.

Er hebt die Pfote, schlägt mit Wucht
die scharfen Krallen in die – Luft.

Und spricht voll Ärger dieses Wort:
»Nanu, da saß doch einer dort!«

Doch Roderich ist nicht mehr da.
Er fliegt davon, juchheirassa!

Rabulan, der Riese

Rabulan, der Riese,
ißt so gerne Gemüse.

Er sagt: »Gemüse ist gesund!«
und verzehrt aus diesem Grund

täglich einen Haselstrauch
und ein Fuder Rüben auch.

einen Kürbis obendrein;
denn er will bei Kräften sein.

Bei Ferdinand und Lieschen
tun's Äpfel, Salat und Radieschen!

Hans Sechzehnender

Ein Hirsch saß am Waldrand
und las im Kalender.
Vorn stand sein Name drauf:
Hans Sechzehnender.

Es fragte das Reh,
das ihn sitzen sah:
»Wie lang ist noch Schonzeit
in diesem Jahr?«

Der Hirsch schlug das Buch zu
und sagte verdrossen:
»In vierzehn Tagen
wird wieder geschossen.«

Hummel, gib acht!

Hummel, gib acht!
die Spinne hat ein Netz gemacht.
An Engelwurz und Baldrian
knüpfte sie es voll Arglist an.
Sie hat es gesponnen aus Seide fein,
um dich zu kriegen.
Sie will dich fesseln an deinem Bein
und verschnabulieren.
Es geht um dein Leben.

Drum,
dicke Hummel, flieg mit Gebrumm
weit, weit, weit um das Netz herum.

Sei klug!
Es ist auch daneben
für dich Hummel-Brummel noch Platz genug.

Wenn Schnecken abreisen

Bei Köln am Rhein, wo's nach Düsseldorf geht,
saßen zwei Schnecken in einem Beet.
Sie saßen im Beet von Frau Habersaat
und waren vergnügt und aßen Salat.

Da sprach die eine zur andern:
»Schwester, wir wollen wandern!
Wir wollen wandern, wir wollen gehn,
bis wir die Türme von Bamberg sehn!«

Drauf rief die andere: »Susewitt,
herzliebe Schwester, ich komme mit!«
Sie zogen hinweg nach diesem Wort –,
und jede nahm ihr Haus mit sich fort.

Nach Bamberg zu kriechen von Köln am Rhein,
hundert Jahre lang querfeldein,
das ist fürwahr eine große Tat!
Was meinen Sie, Frau Habersaat?

»Was ich dazu meine? Ich sage bloß:
Dem Himmel sei Dank! Ich bin sie los!«

Mein Drache

Mein Drache reißt am Strick,
der hält ihn am Genick.
Wie er zieht, wie er zerrt voller Wut!
Oh, ich verstehe ihn gut.

Davonmachen möchte er sich!
Genauso wie er täte ich.
Wär ich er, und käme ich los,
ich flöge wie ein Geschoß.

Mit den Wolken jagte ich hin
weit übers Land, und darin
gezeichnet sähe ich recht
die Städte, das Straßengeflecht.

Bis Frankreich ginge mein Flug.
Ich hätte in Portugal noch nicht genug.
Ich flöge, wäre ich er,
bis Amerika über das Meer.

Was rast da für ein Kreisel?

Was rast da für ein Kreisel?
Hasso, unser Hund.
Warum rennt er im Kreise?
Das hat seinen Grund.

Er läuft,
daß er sie fange,
und kriegt sie nicht,
die Schlange.

Happp! Er schnappt.
Doch sie ist weg.
Wie der Blitz
flitzt sie ums Eck.

Wie ging's aus?
Wer hat gesiegt?
Hat Hasso die flinke
Schlange gekriegt?

Hundertmal fast
und niemals ganz
hat er erwischt
den – eigenen Schwanz.

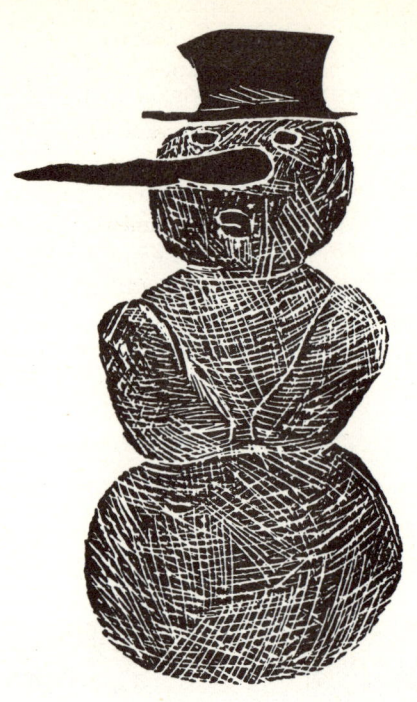

Es war einmal ein lustiger Mann

Es war einmal ein lustiger Mann,
der trug auf seinem Kopf
ein hübsches braunes Hütchen,
das war ein Blumentopf.

Der Hut liegt hier im Grase.
Der Herr, wo ging er hin?
Nach Linz, nach Prag, nach Budapest?
Nach Frankfurt, nach Berlin?

O nein, o nein, er ging nicht fort.
Wo ist er hingekommen?
Der nette Herr, so dick er war,
ist ganz und gar zerronnen.

Der Frühling kam. Es wurde warm.
Da rief der Dicke: »O weh!« –
Wir aber springen und schreien: »Hurra!«
Wir sind zum Glück nicht aus Schnee.

Die Tulpe

Dunkel
war alles und Nacht.
In der Erde tief
die Zwiebel schlief,
die braune.

Was ist das für ein Gemunkel,
was ist das für ein Geraune?
dachte die Zwiebel,
plötzlich erwacht.
Was singen die Vögel da droben
und jauchzen und toben?

Von Neugier gepackt,
hat die Zwiebel einen langen Hals gemacht
und um sich geblickt
mit einem hübschen Tulpengesicht.

Da hat ihr der Frühling entgegengelacht.

Picka, mein Huhn

Habe ich im Garten zu tun,
kommt getrippelt
mein treues Huhn.

Picka!
Ich gäbe sie nicht mehr her!
nur leider:
kurzsichtig ist sie sehr.

Sie hält den Kopf schief,
zielt genau:
Heißa, ein rosiger Regenwurm!
und pickt mich in die Zehen.
Au!

Das wird jetzt nicht mehr geschehen.
Ich habe ihr eine Brille gekauft,
das neueste Modell.
Jetzt sieht meine Picka hell.

Jetzt kann sie unterscheiden
Würmer und Zehen,
diese beiden.

So geht es in Grönland

Ein Eskimomädchen
mit blauschwarzem Haar
steckt sein Stupsnäschen
aus einer Schneehaustür
und ruft:
»Ein Mercedes!«

Alles stürzt zu ihr.
Rings liegt Grönland weiß und still.
Das kleine Mädchen schreit:
»April, April!«

Gespräch am 1. A . . . .

Da, ein schöner Ziegelstein!
Setze ihn im Garten ein.
Vergißt du nicht, ihn gut zu gießen,
wird geschwind ein Häuslein sprießen,
ein Bungalow, das Mobiliar
Mahagoni, wunderbar!

Hab Dank! Den wunderbaren Stein
wickle ich in die Zeitung ein.
Aber die Zeitung, was schreibt sie da?
Heut ist der 1. A . . .
Aha!

Mit einer Blumenzwiebel

Rate, was habe ich hier?
Eine Zwiebel. Ich schenke sie dir.

Scheint sie dir allzu gering?
Es ist ein verzaubertes Ding.

Draus wird was schlüpfen im Mai
wie ein Vogel aus dem Ei.

Wie ein Paradiesvogel schön
wird eine Blume im Garten stehn.

Auf ein Osterei zu schreiben

Dies Haus
hat keine Ecken.
Ist was Gutes drin,
laß es dir schmecken.
Steigt heraus ein Kikeriki,
hast du Musik um vier in der Früh.

Der Kastanienbaum

Der Kastanienbaum
hat Knospen,
dick, klebrig und braun.
Jede Knospe ist eine Faust,
da drin
hält er verborgen ein Ding.

Zieht der Mai ins Land,
tut er auf jede Hand.
Was kommt da heraus?
Ein Blätterzweig,
und manchmal sogar
ein ganzer herrlicher Blütenstrauß.

Die Amsel im Fliederbusch

Die Amsel, die schwarze, sie
reißt auf ihren Schnabel, den gelben.
Im Winter tat sie es nie.

Die Amsel singt von lauter Glück.
Der Fliederbusch kriegt Ohren,
grüne Ohren, tausend Stück.

Ein Sträußlein Waldmeister
(Zum Muttertag)

Weiß und grün
ist mein Strauß,
hübsch bescheiden
sieht er aus.

Frisch vom Wald
kommt er herein.
Rieche nur,
er duftet fein.

Nimm! Vom Frühling
ist's ein Stück.
Ich wünsch dir, Mutter,
lauter Glück!

Der Maikäfer

Ich war einmal ein Engerling,
ich kroch einmal im Boden.
Da drin kroch ich vier Jahre lang,
jetzt komme ich geflogen.

Ich krabbelte zum Licht empor
und hob mich aus dem Grase.
Jetzt fliege ich als Käfer dir
laut surrend um die Nase.

Regen

Es regnet ohne Unterlaß.
Bald
ist in Feld und Wald
jedermann naß.

Dem Hasen regnet's auf sein Fell.
Dem Förster auf den grünen Hut.
Dem Bussard auf sein Federkleid.
Dem Wildschwein auf die Borsten –
das freilich tut mir gar nicht leid.

Hat es zu regnen aufgehört,
rinnt es noch lang von den Zweigen,
tropf,
tropf.
Selbst der Uhu im Baum,
der es trocken hat,
schüttelt den Kopf.

Salamander-Wanderwetter

Trapp und trapp, der Salamander
schiebt sich über nasse Blätter.
Heute regnet's. Heute ist
Salamander-Wanderwetter.

Gestern, als die Sonne schien,
hielt er sich im Loch versteckt.
Heut kannst du ihn schreiten sehn,
schwarz von Farbe, gelb gefleckt.

»Schrecklich, dieses schlechte Wetter!«
so hat gestern er gesagt.
Heut freut ihn das Leben wieder.
Heute geht's auf Schneckenjagd.

Der Regenbogen

Ein Regenbogen,
komm und schau!
Rot und orange,
gelb, grün und blau!

So herrliche Farben
kann keiner bezahlen,
sie über den halben
Himmel zu malen.

Ihn malte die Sonne
mit goldener Hand
auf eine wandernde
Regenwand.

Die Traufe und das Kind

Die Traufe: Du kleines Fräulein Liese,
sieh an, wie lustig ich gieße!
Bin ich nicht mit meinem Schwall
fast der Niagarafall?
Komm, ich schütte dich zum Spaß
pitsche-patsche-pudelnaß!

Liese: Was würde da die Mutter sagen?
Sie würde die Hände zusammenschlagen,
wenn ich, o weh,
pi-pa-pudelnaß in der Stube steh.
Da will ich doch lieber trocken bleiben,
du mußt dir die Zeit allein vertreiben.

Auf der Wiese

Bäuchlings lagen auf der Wiese
Hans und Liese
und betrachteten die Welt vor ihrer Nase.

Zum Beispiel hier an diesem Zittergrase
das Marienkäferlein:
Es klettert empor am Halme
wie ein Neger an einer Palme.

Kater, Maus und Fußballspiel

Hinterm Haus
sitzt seit Stunden der Kater.
Was tut er und was tat er?
Was tat er, was tut er immer noch?
Er flüstert in ein Mauseloch:

»Komm heraus!
Komm heraus, du kleine Maus.
Komm heraus, du süße Kleine.
Ja, du weißt schon, wie ich's meine.
Mut, mein Mäuslein, Mut!
Ich meine es ja nur gut.
(Ich meine es ja nur gut mit mir.)
Schnell, schnell, schnell, du liebes Tier!«

Der Kater, jetzt hört er was gehen.
Er riecht was: Es duftet nach Maus.
Er denkt: Gleich wird es geschehen!
Schon spitzt ein Näslein heraus . . .
Da –

Alles aus!

Jungen
kommen gesprungen.
Knall!
Ein Ball!
Alles schreit.
Der Kater bringt sich in Sicherheit.

Das Mäuslein,
verkrochen in seine tiefste Kammer,
legt das Gesicht in seine kleinen Hände
(um sie zittern die Wände)
und denkt voll Jammer:

Es hätte so schön sein können dort oben,
wo die jetzt toben!

Kling-klang-gloria

Ach, zu einem fernen Ort
flog mein lieber Vogel fort
in den warmen Süden.

Dort, wo die Kamele gehn,
wo im Sand die Palmen stehn,
dort ist er geblieben.

Vogel, Vogel, denk an mich!
Frühling ist's, ich rufe dich!
Veilchen blühn im Garten.

Bist geblieben lang genug.
Vogel, mach dich auf den Flug.
Laß mich nicht mehr warten!

Fliegt mein Vogel wieder her,
fliegt er übers Mittelmeer
und die hohen Berge.

Unter sich das ewge Rom
sieht er und den Petersdom,
Menschen wie die Zwerge.

Steh ich draußen vor dem Haus,
seh nach meinem Vogel aus,
hei, setzt er sich nieder.

Ist mein Vogel wieder da,
singt er kling-klang-gloria
alle Tage wieder.

Hans Hense mit der Sense

Drei kirchturmhohe Riesen
marschierten über die Wiesen.
Da mußte einer niesen.

Aus der fahnenstanglangen Nase
fuhr – hatschi! – ein Geblase.
Da flog etwas aus dem Grase.

Da flog der Bauer Hans Hense
durch die Luft mit seiner Sense
in einer Schar wilder Gänse.

Die Gänse schrien: »Welch ein Ding!«
Hans Hense flog wie im Traum dahin
von Harlaching bis Dingolfing.

Dort sank er nieder und mähte fort.
Aber dann hörte er dieses Wort:
»Bauer, du mähst am falschen Ort!«

Da ließ Hans Hense das Mähen sein.
Er kehrte im »Goldenen Walfisch« ein
und wanderte spät am Abend heim.

Ich habe zehn Spatzen im Garten

Ich habe zehn Spatzen im Garten,
die schreien für hundertundzehn.
Sie schreien alle: »Tschilipp-tschilipp!«
Das soll nicht so weitergehn.

Ihr sollt mir was lernen, ihr Spatzen!
Ich singe euch was vor.
Ein schönes Lied, ein feines Lied,
das werdet ihr singen im Chor.

Ich sang ihnen vor drei Stunden lang,
ich habe mich redlich bemüht.
Liegt's am Lehrer? Liegt's an den Schülern?
Man hört nur das alte Lied.

»Tschilipp-tschilipp!« schreit alles zugleich.
Da kann ich nur sagen: »Ach,
euer Lied, ihr Lieben, das ist kein Lied,
euer Lied, das ist nur ein Krach.«

Ein Baum wächst am Hügel

Ein Baum wächst am Hügel,
den sollst du mir sagen.
Du mußt ihn nicht gießen,
doch mußt du ihn schlagen,

damit er zur Lust dir
gedeiht und gerät,
worauf er doch leider
nicht lange besteht.

Denn wie du ihn schlägst,
ist er auch schon entwurzelt,
und kopfüber zu Tal
der PURZELBAUM purzelt.

Warum?

Die Ringelnatter
auf dem Waldeshügel
lag wie ein Fragezeichen so krumm.
Sie dachte: Warum
sind die Menschen so dumm?

Alle Pilze, die sie nicht kennen,
stoßen sie um.
Alle Blumen, die schönsten,
rotten sie aus.
Und mich – o hätte ich Flügel! –
schlagen sie tot mit dem Prügel.

Nächtliches Vergnügen

Leise
trippeln aus der Mauer die Mäuse,
in der Nacht,
die mausgrauen,
um in die Werkstatt zu schauen:
Ei wie nett,
der Meister ist fort und längst zu Bett!

Aber neben der Hobelbank liegen
die Hobelspäne,
die sich zu langen papierenen Schlangen biegen.
Da drin kann man wuseln,
und wenn das so raschelt,
und wenn das so rauschelt,
sich lustig gruseln.

Da spielen die Mäuse Verstecken und Fangen.
Sie bauen sich Gänge in den Berg,
und viel zu schnell ist die Nacht vergangen.

Doch steckt dann der Meister den Schlüssel ins Loch,
wo sind dann die mausgrauen Mäuslein noch?
Tief in der Mauer im Mäusenest
wispern sie: »War das heut ein Fest!«

Ich und die Maus

Wer läuft auf vieren?
Der schwarze Kater.
Wer geht spazieren?
Mutter und Vater.
Wer bleibt zu Haus?
Ich und die Maus.

Wir sitzen und plaudern
von tausend Sachen,
Sachen zum Schaudern,
Sachen zum Lachen.
Und was bekommt die Maus von mir?
Ein Stücklein Wurst, ein Schlücklein Bier.

Wenn mein Vater mit mir geht

Wenn mein Vater mit mir geht,
dann hat alles einen Namen,
Vogel, Falter, Baum und Blume.
Wenn mein Vater mit mir geht,
ist die Erde nicht mehr stumm.

Kommt die Nacht und kommt das Dunkel,
zeigt mein Vater mir die Sterne.
Er weiß, wie die Menschen leben,
weiß, was recht und unrecht ist,
sagt mir, wie ich werden soll.

Das W . . . . .

Was ist das? Hör zu!
Es wohnt nicht in einem Hause wie du.
Es ist zu Hause in einem Loch.
Aber hübsch ist es doch.

Wunderlich biegsam ist seine Gestalt.
Siehst du's im Felde, entdeckst du's am Wald,
treibt es dir viele lustige Sachen:
Hüpfen, Schlüpfen, Männleinmachen.

Braun springt es durchs grüne Land;
im Winter trägt es ein weißes Gewand.
Im Winter ist es weiß, aber ganz
kohlschwarz ist der letzte Zipfel vom Schwanz.

Die Eule

Wo steckt der Mond? Ein Wolkenbär
hat ihn verschluckt. Er scheint nicht mehr.
Die Eule aber sieht genau
im schwarzen Wald das Mäuslein grau.

Die Kröte

Wenn die blanke Sonne sich verschlüpft,
kriecht die Kröte aus dem Loch und hüpft.
Wenn ich ihr begegne ab und an
schaut sie mich mit goldnen Augen an.

Die Schnecke

Im Wald und Garten lebt ein Tier,
das macht im Winter zu die Tür.
Geht es im Frühling wieder aus,
bleibt es doch immer halb zu Haus.

Das Eichhörnchen

Wer solch ein Haus wie ich besitzt,
wer keck im Tannenwipfel sitzt,
sieht überm Wald die Wolken gut
und schaut dem Förster auf den Hut.

Der Dachs

Der Dachs hat Streifen im Gesicht.
Den argen Winter mag er nicht.
Im März schaut er aus seinem Loch
und grunzt: »Jetzt kommt der Frühling **doch!**«

Die Gemse

Die Gemse, der es dort gefällt,
hoch oben auf dem Dach der Welt,
kennt keine Furcht. Sie lebt mit Fleiß
bei Enzian und Edelweiß.

Die Giraffe

Die Giraffen schauen freundlich drein,
doch ihr Kopf ist kirchturmhoch daheim.
Bis zu Kindern und dergleichen Sachen
muß er eine weite Reise machen.

Der Elefant

Der Elefant, grau wie ein Stein,
hat Zähne, ganz aus Elfenbein.
Wie ein Gebirg geht er herum.
Zehn Männer werfen ihn nicht um.

Der Kuckuck

Der Kuckuck ruft mit Macht im Wald,
ruft kuckuck, daß es hallt und schallt.
Sein Weib schlüpft heimlich durchs Geäst
und schiebt ihr Ei ins fremde Nest.

Der Hahn

Sporen trägt der Hahn.
Hier steht er, seht ihn an.
Stolz ist er ungeheuer
und schön wie Gold und Feuer.

Der Specht

In einen Baumstamm hackt der Specht
ein Nest für seine Jungen.
Der Specht, der kann's! Sein Kopf ist fest,
sonst wär er längst zersprungen.

Das Reh

Das braune Reh, das zarte Reh,
geht auf zwei Zehen durch den Schnee.
Du siehst in diesen Wochen
die Tritte wie gestochen.

Der Fisch im Meer

Der Fisch im Meer schwimmt hin und her,
dort kann es ihm gefallen.
Mit runden Augen schaut er an
die Muscheln und Korallen.

Der Maulwurf

Der Maulwurf, schwärzer als die Nacht,
ist wie aus lauter Samt gemacht.
In dunkler Erde ist sein Reich.
Wie's droben ausschaut, ihm ist's gleich.

Die Katze

So ist die Katze: allzeit rein.
Und wie auf Moos geht sie, so fein.
Da gäbe manche Maus was drum,
hätt' jede Katz' ein Glöcklein um.

Der Vogel auf der Hand

Sitzt eine Meise
dir auf der Hand,
merkst du es kaum.
Ihr Gewicht ist gering.
Aber in ihrer Brust ist doch Raum
für ein pochendes Ding.

Vogel, in dir
schlägt ein Herz wie in mir.

Entenkinder

Entenkinder leben froh
auf dem See und rufen so:
»Bi-bi-bi!« Mit viel Bi-bi
um die Mutter zockeln sie.

Bi-bi-bi, von morgens früh
bis zum Abend zockeln sie.
Lustig ist ihr Tageslauf.
Doch der Tag hört endlich auf.

Wenn das Abendrot verglüht –
Entlein, seid ihr noch nicht müd?
Ruft die Mutter: »Tuk, tuk, tuk!«
Zockeln alle, zuck, zuck, zuck.

Schwimmen alle schnell herzu.
Unterm Flügel – Augen zu –
schlafen alle, ganz versteckt,
bis der neue Tag sie weckt.

Gegacker

Ein Gackern schallt aus dem Hühnerstall,
dann schaut ein Huhn aus dem Hühnerloch.
Das ist das Huhn, das gegackert hat;
es hat gegackert und gackert noch.

Das Huhn steigt herab die Hühnerleiter
und gackert und gackert immer weiter.
Es geht zu den andern und gackert dazu:
Es hat ein Ei gelegt, weißt du.

Kuckuck

Kuckuck, kuckuck! Der Kuckuck schreit
und hat vor Schreien keine Zeit,
daß er aus hundert Halmen flicht
ein hübsches Nest. Das macht er nicht.

Wie treibt's der Kuckuck? Er ist schnell
in aller Heimlichkeit zur Stell,
schiebt in ein fremdes Nest sein Ei.
Was draus wird, ihm ist's einerlei.

Sein Ei, ein andrer brütet's aus,
und wird ein Kuckuck doch daraus.
Ein Kuckuck, welcher schreit und schreit
»kuckuck« die ganze Frühlingszeit.

Hängt wo ein Büschel Heu aus einem Loch

Hängt wo ein Büschel Heu aus einem Loch,
dann weiß man gleich, dort steckt ein Spatzennest.
Es sind nur Spatzen, nicht sehr ordentlich, und doch
schau nur, die Spätzin kommt, ganz abgehetzt,

mit irgendwas, es kann ein Räuplein sein.
Jetzt – welch Geschrei! So geht's tagaus, tagein.
Die Spatzeneltern, ach, wie sie sich plagen,
wie rechte Eltern. Man muß Achtung haben.

Gespräch mit der Raupe

Wie ist dir zumute, sag,
die du eine Raupe bist
und den lieben langen Tag
Löcher in die Blätter frißt?
Geht's dir nicht im Kopfe um:
So ein Dasein ist doch dumm,
immer essen, nichts als essen,
und sonst keine Interessen!

Das Gemüse schmeckt mir noch,
darum freß ich Loch um Loch.
Aber einmal, glaub mir das,
stehst du da und rufst du: »Was,
dieses dicke Nudelding
schwebt jetzt als Schmetterling!«

Wer bin ich?

Sag, wer bin ich? Jeder liebt mich,
und auch dir bin ich bekannt.
Einen langen Rüssel hab ich,
doch ich bin kein Elefant.

Reiter tragen, Bäume schleppen,
das kann mein Beruf nicht sein.
Und auch auf den Kampf mit Löwen
lasse ich mich niemals ein.

Keinen Frosch kann ich besiegen.
Ganz gering ist mein Gewicht:
Wenn ich auf den Blüten sitze,
biegen sich die Stiele nicht.

Wenn ich durch die Lüfte fliege,
ist's, als flög ein Blatt dahin.
Aber schön sind meine Flügel.
Und nun sag mir, wer ich bin.

Der Regenwurm

Ja, du kennst den braven Herrn?
Gartenerde ißt er gern.
Ackerboden, Wiesengrund –
alles mundet seinem Mund.
Alles kaut er bröselfein.
So frißt der Wurm sich querfeldein.

Den Wurm im Boden sieht man nicht.
Wenn der Spaten ihn zersticht,
wächst ein neuer Kopf dem Schwanz.
Jeder Teil wird wieder ganz.
Was erst einer war, kriecht fort,
sowohl nach da als auch nach dort.

Sieben kecke Schnirkelschnecken

Sieben kecke Schnirkelschnecken
saßen einst auf einem Stecken,
machten dort auf ihrem Sitze
kecke Schnirkelschneckenwitze.
Lachten alle so:
»Ho, ho, ho, ho, ho!«

Doch vor lauter Ho-ho-Lachen,
Schnirkelschneckenwitze-Machen,
fielen sie von ihrem Stecken:
alle sieben Schnirkelschnecken.
Liegen alle da.
Ha, ha, ha, ha, ha!

Pick, pick

Ohne Tür, ohne Fenster,
kugelrund ist das Haus.
Kann keiner hinein,
doch es will wer heraus.

Wer klopft da von innen,
wer kann das nur sein?
Denn steckt wer da drinnen:
Wie kam der hinein?

Von innen, pick, pick,
ja freilich, gewiß,
da klopft wer, pick, pick . . .
Schon gibt's einen Riß!

Wer steigt aus den Scherben?
Ein Hausherr, ein gelber,
ein piepsender, lieber.
Wer ist's? Das sag selber!

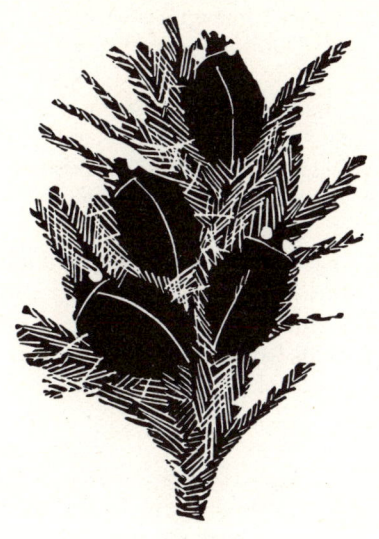

Der Kartoffelkäfer

Der Kartoffelkäfer, der
surrt im Frühling fröhlich her.
Denn hier wächst, so weit man schaut,
Kartoffelkraut, Kartoffelkraut.

An einem frischen Blatte dann
fängt er gleich zu knabbern an.
Doch statt nur daran zu nippen,
frißt er's kahl bis auf die Rippen.

Und nun geht's erst richtig los.
Der Käfer bleibt nicht kinderlos.
Kinder kommen, Kinder wie
Sand am Meer. Jetzt fressen sie.

Jetzt fressen sie, wohin man schaut,
Kartoffelkraut, Kartoffelkraut.
Die Stauden, erst so herrlich grün,
sie werden kahl, sie schwinden hin.

Der Bauer schreit: »Was muß ich sehn?
Gleich wird's euch an den Kragen gehn!
Wenn ihr so weitermacht, wie sollen
im Boden wachsen dicke Knollen?«

Der Frosch lädt zu Besuch

In meinem Reich, im Tümpel,
ist es herrlich zu leben.
Der Tümpel liegt voller Gerümpel,
einen schönern kann es nicht geben.

Wenn du willst, sei mein Gast.
Hinabgeschwommen! Schon sind wir da.
Ein alter Schuh ist mein Palast.
Ist er nicht herrlich? Sag ja!

Wie? Horch! Hinauf, komm schnell!
Das Konzert beginnt. Wir sind auch zur Stell.
Schrei mit: Qua, qua.

Lauter! So recht mit Gewalt:
Qua, qua, qua, qua,
daß es kilometerweit schallt!

Geschichte vom Wind

Am Abend spielte ein Hauch
um Wange, Blume und Strauch.
Da war der Wind
noch ein Kind.
Aber dann
in der Nacht
wurde aus dem Kind ein Mann.
Der zeigt, was er kann.
Der weiß, wie man's macht,
daß alles rasselt und prasselt und kracht,
daß jeder erwacht!
Die Linden in der Allee
ächzen: »O weh,
wir werden gestohlen!
Haben wir Zweige, haben wir Flügel?
Bald sausen wir über Stadt und Hügel
als grüne Dohlen!«
Hei! Mit Hi-, Hu-, Ha-, Heulen
rast der Wind um den Turm.
Aus dem Schalloch gucken drei Eulen.
»Fliegen wir aus bei diesem Sturm?
Nein, das kann nichts taugen!«
Und sie schauen einander an
mit großen Augen.
Auf der Kirchturmspitze der Wetterhahn
dreht sich kreischend im Kreis:
»Das ist der schönste Sturm, den ich weiß.
Bald ist's kein Sturm mehr, bald ist's ein Orkan!«
Drei Stunden tobte der Sturm.
Er warf Autos um wie ein Riese.
Doch am Morgen spielte der Wind wieder **sanft**
wie das Lämmlein auf der Wiese.
Ein Seemann sprach:
»Es weht eine leichte Brise.«

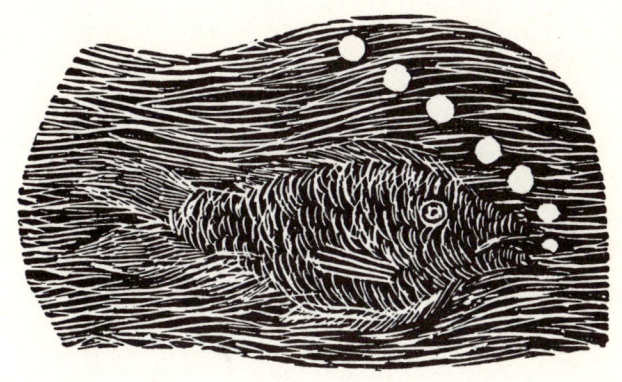

Das Fischlein im Weiher

Weißt du, was das Fischlein im Weiher macht,
wenn es Langeweile hat?
Es steht ganz still
im Wasser.
Und nun gib acht!

Es bläst ein Bläslein aus seinem Mund.
Das trudelt nach oben,
kugelrund,
erst langsam,
dann schneller,
und platzt.

Dann aber schickt das Fischlein
drei, vier und mehr
silberne Bläslein
dahinter her:
die trudeln geschwind,
wer das erste sei,
bis sie oben sind.

So macht es das Fischlein im Weiher.
Du meinst, das sei ein seltsamer Brauch?
Aber wenn du ein Fischlein wärst –
du tätest es auch!

Wie ertrunken, wie versunken

Horch, am Weg dies leise Läuten,
so ganz eigen klingt es, so
wie ertrunken, wie versunken,
und man weiß nicht recht, von wo.
Sag, was soll dies Ding bedeuten?

In der Pfütze sitzen Unken,
wohnend wie im Himmelreich.
Und dies Rufen, immer gleich,
dieser wunderzarte Klang
ist ihr fröhlicher Gesang.

Der Eisbär

Im Zoo
macht der Eisbär immer so.

Er schwenkt den Kopf nach links hinüber,
schwenkt den Kopf nach rechts dann wieder.

Viele Leute schauen zu,
wie er seinen Schädel schwenkt.
Schauen zu und wüßten gern,
was er dabei denkt.

Sparen, Kinder, sparen, sparen!

Braune Bienen fliegen aus,
fröhlich aus dem Bienenhaus.
Blumen blühn an allen Ecken,
überall gibt's was zu schlecken.
»So gefällt's uns Bienen, drum
sum, sum, sum,
laßt uns leben ohne Sorgen
heute, morgen, übermorgen.«

Aber die Frau Königin
spricht ein Wort: »Wo denkt ihr hin?
Meint ihr wohl, es geht so weiter,
immer lustig, immer heiter?
Eilig naht die Winterszeit,
wo es schneit.
Dann sind rar die guten Waren.
Darum, Kinder, sparen, sparen!

Einmal – höret, was ich sag! –
lebten Bienen in den Tag.
Haben erst herumgelungert,
dann sind alle Mann verhungert.
Dreißigtausend Bienen, bumm,
fielen um.
Darum denkt an die Gefahren.
Sparen, Kinder, sparen, sparen!

Blütenkrüge sind gestellt
wunderschöne in die Welt.
Holt den Wundersaft, den hellen,
schnell mit Honig füllt die Zellen.
Tobt der Winter dann voll Wut –
uns geht's gut,
weil wir nicht die Dümmsten waren.
Sparen, Kinder, sparen, sparen!«

Der Nußknacker

Wer knackt die Nuß?
Nicht der Fritz, nicht der Franz.
Wer kriegt sie entzwei?
Der Nußknacker kann's!

Gut, daß wir ihn haben,
den hölzernen Herrn.
Er zerbeißt die Schale
und schenkt uns den Kern.

Mein Stehaufmännchen

Mein Stehaufmännchen ist munter,
das kriegst du nicht unter.

Duckst du es auf die Nase nieder:
Schwupp, da steht das Männchen wieder.

Werf ich es tausend Male um,
mein Stehaufmännchen nimmt's nicht krumm.

Es macht mir tausend Male vor:
Was auch passiert, Kopf hoch, Humor!

Wäre die Wolke ein Kissen . . .

Die Wolke, was ist sie? Wir wissen,
ein Ding wie Nebel und Rauch.
Wäre die Wolke ein Kissen,
und läge ich drauf auf dem Bauch,

flög ich, vom Winde geschoben,
und sähe hinab auf das Land.
Ich sähe die Heimat von oben
wie eine geöffnete Hand.

Die Fluren, die waldigen Kuppen,
die Stadt, ins Stromland gestellt.
Die Menschen wie winzige Puppen,
und jeder Mensch eine Welt.

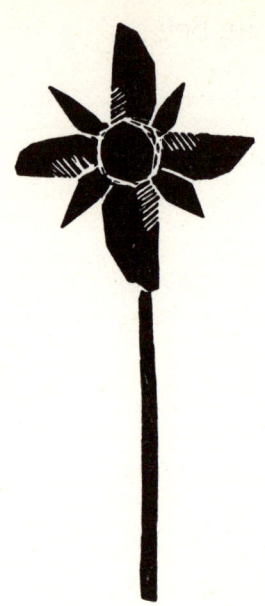

Das Windrad

Mein Windrad bläst der Wind.
Nur ein Wehen.
ist noch zu sehen,
so geschwind muß es sich drehen.
Verschwunden ist der bunte Stern.

Windrädchen
bläst der Wind fürs Leben gern.

Der Wind,
dieser lustige Mann,
bis vom Atlantik rennt er daher,
daß er mein Windrad blasen kann.

Im Bett

Im Bett
kann einer träumen,
was er will,
irgendwas.
Da liegt unser Franz
im Bett
ganz still
und träumt sich das:

Er träumt,
er sei ein Unterseeboot
und fährt im Meer
kreuz und quer,
hin und her.
Da wachsen Korallen,
wundersam rot.
Da schweben Quallen,
durchsichtig zart.
Und herrliche Dinge
erlebt er auf seiner Fahrt:
Abenteuer
ungeheuer!

Morgen am Tag
wird er sie uns erzählen,
wenn er mag.
Doch tut er es nicht,
werden wir sie nie erfahren,
nicht morgen und nicht
in tausend Jahren.

Die Kuckucksuhr

Um eins, um zwei, um drei und um vier,
um fünf und um sechs geht auf die Tür,
dann kommt aus einem hölzernen Haus
ein kleiner hölzerner Kuckuck heraus.

Der Kuckuck ist schlau und klug und gescheit.
Er sagt uns genau die richtige Zeit.
Er springt heraus mit einem Ruck
und schreit: »Kuckuck, kuckuck, kuckuck,
kuckuck, kuckuck, kuckuck, kuckuck!«

Wenn der Kuckuck siebenmal kuckuck schreit,
dann sagt die Mutter: »Es ist soweit.«
Dann ruft die Mutter: »Elisabeth,
marsch ins Bett!«

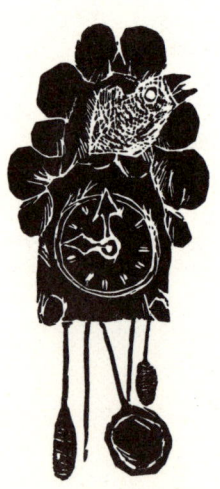

Wer war's?

Der Wind, wenn er weht,
treibt dies und das.
Hier liegt in einem Garten
ein Buch im Gras.

Flink blättert er weiter
bis Seite hundert.
Als Gisela wiederkommt,
ist sie verwundert.

Der Schatten

Er geht mit mir und sagt kein Wort,
macht jeden Unfug willig mit,
stolziert wie ich in langem Schritt
und tollt dann mit mir fort.

Heut stand er bei mir hinterm Haus.
Ich goß ihm Wasser ins Gesicht.
Er lachte nicht, er weinte nicht.
Er machte sich nichts draus.

Was mir am meisten imponiert,
ist, daß er katzenklein sein kann
und abends auf dem Hausdach dann
als Riese spioniert.

Gespräch im Wald

»Eichkätzchen, sag,
wohnt hier irgendwo
ein kleiner Dicker
mit einem
Bauch – schau, so?

Ein gewisser Herr Pummel,
mit braunem Hut.
Ich glaube, Eichkätzchen,
du kennst ihn gut.«

»Ihr habt wohl Lust
auf ein Steinpilzgericht?
Aber Herr Pummel –
hier wohnt er nicht.

Doch, Kinder, dort hinten
steht auch so einer.
Sein roter Hut
ist noch viel feiner.«

»Den Fliegenpilz meinst du?
Den mögen wir nicht.
Das ist ein ganz
gefährlicher Wicht.«

»So, so. Hm, hm.
Er ist euch zu schlecht?
Dann laßt ihn stehen!
Ihm ist es recht.«

Im Herbst

Zwei Hasen hoppeln
über die Stoppeln.
Zwei ältere Herren
mit ernstem Gesicht.
Der eine spricht:

»Hier wuchs einmal Weizen.
Wo ist er? Wo?
Es ändert sich alles.
Ist's nicht so?«

Der andre entgegnet:
»Da haben Sie recht.
Erst ging es uns gut,
bald geht es uns schlecht.«

Es tragen drei Herrn
einen glänzenden Stern

Es tragen drei Herrn
einen glänzenden Stern.
Drei Könige ziehn durch den Winter.

In scheckigen Sachen
mit schallendem Lachen
Narren hüpfen dahinter.

Mit Januar
und Februar,
so leis – und so lärmend beginnt das Jahr.

Gar bunt geht's da zu,
in dem Zug ohne Ruh.
Du selber mußt mit.

Weit werden wir ziehn.
Aber Jahr, aber du,
wo führst du uns hin?

Hügelab, hügelan . . .
Nur eins: Denke dran,
der Stern geht voran!

Die Krähen

Die Krähen schreien: »Krah und krah!
Hurra, jetzt ist der Winter da!
O weh, hurra! Hurra, o weh!
Jetzt liegt die ganze Welt voll Schnee.

Schneeweiß ist alles fern und nah,
wir aber fliegen schwarz herum.
Und schrien wir nicht krah und krah,
wär alles mäuschenstill und stumm.«

Neujahrsnacht

Diese Nacht ist ein Fluß.
Mein Bett ist ein Kahn.
Vom alten Jahr stoße ich ab.
Am neuen lege ich an.
Morgen spring ich an Land.
Dies Land, was ist's für ein Ort?
Es ist keiner, der's weiß.
Keiner war vor mir dort.

Der Winter macht Musik

Der Winter ist ein starker Mann.
Er zieht die Leitungsdrähte stramm.
Er zieht sie zwischen Mast und Mast
so straff, daß sie zerreißen fast.
Jetzt geigt er drauf. Jetzt surren sie
die wilde Schauermelodie,
die niemand auf der ganzen Welt
als nur ihm selber wohlgefällt.

Verschneite Welt

Herrlicher, glitzernder Schnee
liegt, wohin ich seh.
Wir fahren Ski,
juchhe!

Uns gefällt
die verschneite Welt.
Aber, mein Lieber,
andere denken anders darüber.

Vergraben liegt Gras und Klee.
Zu dem schönsten Pulverschnee
sagt das Reh:
O weh!

Spuren von winzigen Zehen

Was ist da im Schnee zu sehen?
Spuren von winzigen Zehen.

Eine kleine Maus –
hier kam sie heraus!
Verschwunden ist sie, husch,
in jenem Loch vor dem Haselbusch.

Zwischen den Tritten
fein
ein Strich.
Was kann's sein?
Da zog es das Schwänzlein
hinter sich drein.

Im Winter

Die Berliner wohnen in Berlin,
in China wohnen Chinesen.
Im Sommer sind die Bäume grün,
im Winter sind sie wie Besen.

Im Winter schau ich zum Fenster hinaus,
da fallen die Flocken, die weißen.
Da sitzt der Specht im Futterhaus,
der Fink und die lustigen Meisen.

Die Schnecke im Winter

Naht der Winter,
geh ich ins Haus,
mache die Türe zu:
Winter bleib drauß!

Zu ist die Türe.
Komme, wer will:
Ich bin zu sprechen
erst im April.

Welch ein Klingen, welch ein Klagen

Vom verschneiten Apfelbaum
welch ein Klingen,
welch ein Klagen,
wie ein Fragen
halb im Traum.

Dort auf schneebedecktem Zweige,
herrlich rot und schwarz und grau,
sitzt der Dompfaff. Seine Frau
sitzt bei ihm in schlichtem Kleide.

Hunger haben alle beide.

Eine Gans aus Buntpapier

Es war einmal ein schönes Tier,
eine Gans aus Buntpapier.
Diese sprach: »Was steh ich hier
einsam auf dem Blatt?

Auf dem Blatt will ich nicht stehen,
nein, ich will die Welt besehen,
will auf blauen Füßen gehen
durch die große Stadt!«

Plitsch, platsch, watschelte sie hin
durch die schöne Stadt Berlin.
Der Kopf war rot, die Flügel grün,
es staunten Mann und Frau.

Doch Elfriede Edelhagen
lief und packte sie am Kragen:
»Gans, mein Werk, wie kannst du's wagen?
Komm, ich kenne dich genau.

Ja, du bist's. Du bist die meine!
Denn auf Erden gibt es keine
Gans wie dich: Nur du alleine
bist so herrlich rot, grün, blau.«

Der Scherenschnitt

Eine Schere hat mitten
in das Papier hineingeschnitten.
Erst gerade, dann krumm,
dann so herum.
Jetzt hier um die Ecke,
dann dort im Bogen,
so ist sie ihres Wegs gezogen.
So hat sie ihren Weg genommen.
Und was ist dabei herausgekommen?
Ja, was war das Ende vom ganzen Spiel?
Das Fräulein Heidi im Profil.

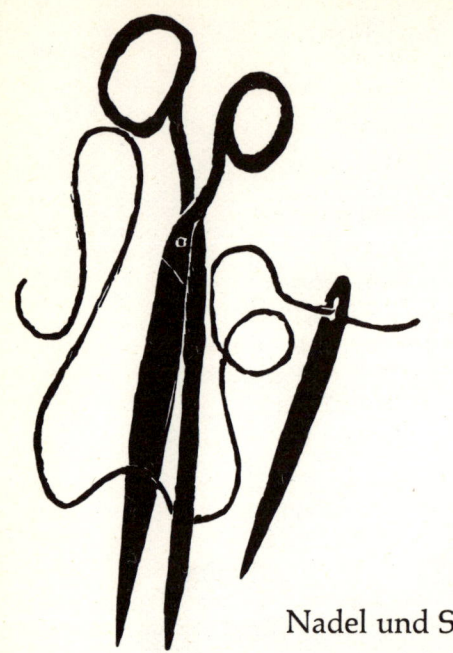

Nadel und Schere

Die Nadel sagte:
»Ich
bin so schlank
wie ein Strich.

Ich allein
bin so spitz, bin so fein:
Durch die Maschen,
die engen,
kann ich mich zwängen,
ich bleibe nicht hängen.
Ich ganz allein
schlüpfe aus und ein
und schleppe den Faden
hinter mir drein.

Wie ein Wiesel
schlüpf ich im Nu
ein und aus, aus und ein,
aber du . . .

Aber du, Schere,
du dicke, du schwere,
du viel zu große,
du nähst im Leben
keinen Knopf an die Hose.
Du . . .«

»Papperlapapp!«
sagte die Schere.
Sie machte klapp.
Da war der Faden ab.

Der Brief

Es kommt von mir,
es geht zu dir.
Es ist kein Mensch,
es ist kein Tier.
Es ist nur dies:
ein Stück Papier.

Ein Stück Papier,
jedoch es spricht.
Es bringt von mir
dir den Bericht:
Ich hab dich lieb,
vergiß mich nicht.

Der Faden

Es war einmal ein Faden,
der lag da wie ein Strich.

Der lag da und langweilte sich.
»Was tu ich? Ich ringle mich!«

Er ringelte sich zur Spirale.
Und dann mit einem Male

machte er aus sich draus
eine Schnecke mit ihrem Haus.

Gleich wurde was Neues gemacht:
Heidiwitzka, eine 8!

Bald drauf eine Dickedull,
eine kugelrunde Null.

Dann noch, mit viel Geschick,
ein Fisch, ein Meisterstück!

»Was kann ich jetzt noch sein?«
dachte der Fisch. Da fiel ihm was ein.

»Ich schlängle mich als Schlange –
wenn wer kommt, dann wird ihm bange!«

Daß wer kommt –
drauf wartet er schon lange.

Was denkt die Maus am Donnerstag?

Was denkt die Maus am Donnerstag,
am Donnerstag,
am Donnerstag?

Dasselbe wie an jedem Tag,
an jedem Tag,
an jedem Tag.

Was denkt die Maus an jedem Tag,
am Dienstag, Mittwoch, Donnerstag
und jeden Tag,
und jeden Tag?

O hätte ich ein Wurstebrot
mit ganz viel Wurst
und wenig Brot!
O fände ich, zu meinem Glück,
ein riesengroßes Schinkenstück!
Das gäbe Saft,
das gäbe Kraft!
Da wär ich bald nicht mehr mäuschenklein,
da würd' ich bald groß wie ein Ochse sein.
Doch wäre ich erst so groß wie ein Stier,
dann würde ein tapferer Held aus mir.
Das wäre herrlich,
das wäre recht –
und der Katze,
der Katze
ginge es schlecht!

Verschwunden

Es war einmal ein Zuckerstück,
ein Brocken, weiß wie Schnee.
Der fiel in den berühmten See
mit Namen Lindenblütentee.

Er kam nicht mehr heraus, oje,
und ist auch nicht mehr drinnen.
Der Löffel sucht und sucht herum
voll Schrecken und Verwunderung.

Briefwechsel zwischen Erna . . .

Sehr geehrtes Nagetier!
An meinem neuen Briefpapier
fehlt seit heute früh, o Schreck,
oben rechts ein großes Eck.
Ach, es war so schön und teuer,
und jetzt ist es reif fürs Feuer.
Ich habe zwar, muß ich gestehen,
den Übeltäter nicht gesehen
(nachts sind meine Augen zu),
doch ich vermute, das warst – du.
Mein Briefpapier brauch ich zum Schreiben,
drum laß solche Scherze bleiben!!!

Wofür sehr verbunden ist
Deine
Erna Apfelkist

. . . und der Maus

Geschätztes Fräulein Schülerin!
Du meinst, daß ich's gewesen bin?
Da muß ich rufen voll Respekt:
Sag, wie hast du's nur entdeckt?
Denn du hast, das sag ich offen,
den Nagel auf den Kopf getroffen.
Ja, ich war so frech und frei,
von mir stammt die Nagerei.
Ich nagte am Papier voll Kummer,
denn ich hatte schrecklich Hunger.
Hätt' ich was Besseres besessen,
hätt' ich lieber dies gefressen.
Drum leg in Zukunft Speck daneben,
dann laß ich alles andre leben.
Zehn Gramm Speck für jede Nacht.
Einverstanden? Abgemacht.

Und im voraus besten Dank!
Pipsi Maus,
wohnhaft unterm Schrank

Die Vögel und der Bach

Wir sind geschlüpft
aus einem Ei.
Sind leicht, sind bunt,
sind flink und frei.
Wir haben Kehlen
und singen hell.
Wir haben Flügel
und fliegen schnell.
Wir fliegen dahin
über dich im Nu.
Wir sind die Vögel,
doch wer bist du?

Ich bin der Bach,
doch ich wachse zum Strom
und wandre vorüber
an manchem Dom
bis hinunter zum fernen
wogenden Meer.
Drauf flieg ich als Wolke
wieder daher.
Als Regen falle ich
rauschend nieder
und ziehe als Bächlein
des Weges wieder.

Auf dem Ausflug

Kommen Sie, Herr Wolkenschieber,
kommen Sie, Herr Wind, geschwind!
Denn die Wolke dort, die dicke,
schaut so finster, so ergrimmt.

Schicken will sie uns, das sieht man,
einen pudelnassen Gruß.
Lieber Wind, sind wir Radieschen,
daß man uns begießen muß?

Wenn wir noch so eifrig blasen,
was wir tun – sie lacht dazu.
Sie bis Rußland fortzujagen,
das vermag nur einer: du!

Ein Riese warf einen Stein

Ein Riese
warf einen Stein.
Gänge und viele Zimmer stürzten ein.
Hunderte brachen ein Bein.
Zwei Dutzend brachen das Genick.
Andere hatten Glück.

Der Stein
hatte wie eine Bombe eingeschlagen.
Zusammengebrochen
ist das Werk vieler Wochen.
Doch schon rennen Tausende herbei.
Tote werden weggetragen.
Man zieht, man zerrt, schleppt Trümmer,
baut neu:
neue Gänge,
neue Zimmer.

Doch im Getümmel
hört man da und dort einen sagen:
Solch ein Lümmel!

Wer war der Verbrecher?
Wer?
Ein Junge.
Was dachte sich der?
Nicht viel.
Er warf nur zum Spiel
den Stein
auf den Ameisenhaufen.

Der See ist ein Bett für mich

Du lieber Schwan,
was fängst du an,
wenn wir in unsere Betten hüpfen,
wenn wir unter die Decken schlüpfen,
wenn am Himmel, dem dunkeln,
tausend Sterne funkeln?

Der See ist ein Bett für mich.
Wenn ihr im Bett liegt, ruhe auch ich.
Dann steck ich den Kopf in mein Federkleid
und träum von der großen Wanderzeit.
Während mich weiche Wellen wiegen,
sehe ich uns Schwäne fliegen
zu herbstlicher Zeit
über Länder weit,
wie der Wind so schnell,
wie die Wolken so hell.

Eine Taube flog vorüber

Eine Taube flog vorüber,
eine Feder schwebt hernieder.

Schwebt hernieder,
hebt sich wieder,
schwingt sich über unser Dach,
segelt über unsern Garten,
läßt sich nieder
auf dem Bach.

Auf dem Bache fährt sie fort
als ein taubengraues Schiff
bis an einen Märchenort.

Wieviel ist ein Glas Honig wert?
(Gespräch mit der Bienenkönigin)

»Erlauben Sie mir, einen Wunsch zu sagen.
Ich möchte ein Glas Honig haben.

Was kostet's? Ich bin zu zahlen bereit.
Für was Gutes ist mir mein Geld nicht leid.«

»Sie wollen was Gutes für Ihr Geld?
Sie kriegen das Beste von der Welt!

Sie kaufen goldenen Sonnenschein,
Sie kaufen pure Gesundheit ein!

Was Beßres als Honig hat keiner erfunden.
Der Preis? Ich verrechne die Arbeitsstunden.

Zwölftausend Stunden waren zu fliegen,
um so viel Honig zusammenzukriegen.

Ja, meine Leute waren fleißig!
Die Stunde? Ich rechne zwei Mark dreißig.

Nun rechnen Sie sich's selber aus!
27 000 kommt heraus.

27 000 Mark und mehr.
Hier ist die Rechnung, ich bitte sehr!«

Am Morgen

Hundert Tannenkinder
wachsen auf meinem Berge.
An jedem Tännlein
hängen genau
hundert Tropfen
Morgentau.
Und jeder Tropfen
glitzert und blitzt.

Die Kiesel

Die Kiesel, die kalten,
die ur-ur-uralten,
im Bergbach liegen sie still.

Ist mancher darunter,
manch feiner, manch bunter,
manch blankes, herrliches Ding.

Der Fritz kommt vorüber,
gleich beugt er sich nieder,
den schönsten sucht er sich aus.

Betrachtet und prüft ihn,
umfaßt ihn und wiegt ihn
und wirft ihn, so weit er nur kann.

Der Stein lernt das Fliegen
und wird wieder liegen
tausend Jahre still.

Große Fahrt

Ich steige auf mein Dreirad
und brause los.
Die Straße ist ein langes Ding,
die Welt ist riesengroß.

Aber am Schluß
kommt ein windstiller Ort,
da ist die Welt mit Brettern **vernagelt**,
da geht es nicht mehr fort.

Dahint' spielen Blindekuh,
Hase und Reh.
Und ich spiele mit.
Ade!

Inhaltsverzeichnis

14	ABC	43	Die Amsel im Fliederbusch
19	Affenschule	8	Die drei Grafen
117	Am Morgen	60	Die Eule
23	Am Rand der Insel Kalikula	61	Die Gemse
111	Auf dem Ausflug	61	Die Giraffe
49	Auf der Wiese	26	Die Giraffe mit ihren Beinen
42	Auf ein Osterei zu schreiben	64	Die Katze
21	Aus Glas*	118	Die Kiesel
10	Besuch	93	Die Krähen
108	Briefwechsel zwischen	60	Die Kröte
	Erna . . .*	88	Die Kuckucksuhr*
109	. . . und der Maus*	60	Die Schnecke
61	Das Eichhörnchen	98	Die Schnecke im Winter
79	Das Fischlein im Weiher	48	Die Traufe und das Kind
64	Das Reh	38	Die Tulpe
59	Das W . . . . .*	110	Die Vögel und der Bach
86	Das Windrad	55	Ein Baum wächst am Hügel*
104	Der Brief	15	Ein Elefant marschiert durchs
61	Der Dachs		Land
81	Der Eisbär	112	Ein Riese warf einen Stein
62	Der Elefant	43	Ein Sträußlein Waldmeister
105	Der Faden	100	Eine Gans aus Buntpapier
64	Der Fisch im Meer	115	Eine Taube flog vorüber
77	Der Frosch lädt zu Besuch	66	Entenkinder
63	Der Hahn	92	Es tragen drei Herrn
75	Der Kartoffelkäfer		einen glänzenden Stern
42	Der Kastanienbaum	36	Es war einmal ein lustiger
62	Der Kuckuck		Mann
44	Der Maikäfer	12	Fritz Stachelwald
64	Der Maulwurf	67	Gegacker
83	Der Nußknacker	78	Geschichte vom Wind
47	Der Regenbogen	40	Gespräch am 1. A . . . .
72	Der Regenwurm	90	Gespräch im Wald
89	Der Schatten	70	Gespräch mit der Raupe
101	Der Scherenschnitt*	119	Große Fahrt
114	Der See ist ein Bett für mich	69	Hängt wo ein Büschel Heu
63	Der Specht		aus einem Loch
29	Der Sperling Roderich	28	Halb so schlemm
65	Der Vogel auf der Hand	53	Hans Hense mit der Sense
95	Der Winter macht Musik	31	Hans Sechzehnender

32	Hummel, gib acht!
54	Ich habe zehn Spatzen im Garten
58	Ich und die Maus
87	Im Bett
20	Im D-Zug
91	Im Herbst
97	Im Winter*
50	Kater, Maus und Fußballspiel
52	Kling-klang-gloria
68	Kuckuck
34	Mein Drache
7	Mein Haus
84	Mein Stehaufmännchen
13	Mir ist eine Maus entlaufen
41	Mit einer Blumenzwiebel
22	Mücken
102	Nadel und Schere
56	Nächtliches Vergnügen
94	Neujahrsnacht
17	O unberachenbere Schreibmischane
39	Picka, mein Huhn
74	Pick, pick
30	Rabulan, der Riese
45	Regen
46	Salamander-Wanderwetter
73	Sieben kecke Schnirkelschnecken
40	So geht es in Grönland
82	Sparen, Kinder, sparen, sparen!
96	Spuren von winzigen Zehen
95	Verschneite Welt
107	Verschwunden*
85	Wäre die Wolke ein Kissen . . .
55	Warum?
106	Was denkt die Maus am Donnerstag?
34	Was rast da für ein Kreisel?
99	Welch ein Klingen, welch ein Klagen
24	Wenn ein Auto kommt
59	Wenn mein Vater mit mir geht
33	Wenn Schnecken abreisen
18	Wenn wir Schnecken wären
71	Wer bin ich?
27	Wer kommt gekro–?
89	Wer war's?
80	Wie ertrunken, wie versunken
9	Wick
116	Wieviel ist ein Glas Honig wert?
25	Wieviel wiegt ein Fink?*
16	Wissenschaft

---

* Aus: Josef Guggenmos, Das kunterbunte Kinderbuch; hierfür © Verlag Herder, Freiburg

Gedichte und Verse
bei dtv junior

Hans Baumann:
Eins zu null
für uns Kinder
77 Kindergedichte
farbig illustriert
von Jan Brychta
7182

Aber hier, wie überhaupt,
kommt es anders,
als man glaubt
Bildergeschichten von
Wilhelm Busch
7326

H.-J. Gelberg (Hrsg.):
Die Stadt der Kinder
Gedichte für Kinder
in 13 Bezirken
Von Janosch illustriert
7073

Josef Guggenmos:
Was denkt die Maus
am Donnerstag?
Von Günther Stiller
illustriert
7001

Wolfdietrich Schnurre:
Die Zwengel
In lustigen Versen
vorgestellt und in bunten
Farben gemalt
7070

Josef Guggenmos:
Sieben kleine Bären
Geschichten und Gedichte
für Kinder
Mit Bildern von Herbert
Lentz
7082

Kurze Geschichten
zum Lesen und Vorlesen
bei dtv junior

Irina Korschunow:
Hanno malt sich
einen Drachen
7306

Tilde Michels:
Die Jonaskinder
7312

Dimiter Inkiow:
Ich und meine
Schwester Klara
7332

Dimiter Inkiow:
Der kleine Jäger
7297

Josef Guggenmos:
Sieben kleine Bären
7082

Gina Ruck-Pauquèt:
Wenn der Mond
auf dem Dach sitzt
7066

Ursula Wölfel:
Geschichten-Sammelsurium
7148

James Krüss:
Adler und Taube
7015

James Krüss:
Pauline und der
Prinz im Wind
7063

Enid Blyton:
Das törichte Kätzchen
7045

Bilderbücher bei dtv junior

Wilhelm Hauff:
Zwerg Nase
Mit Bildern von
Friedrich Hechelmann
7907

Hermann Kaulbach
Bilderbuch
Mit Texten von
Adelheid Stier
7290

Lilo Fromm:
Der Eisenhans
Ein Märchen
der Brüder Grimm
7252

Etienne Delessert:
Dann fiel der Maus
ein Stein auf den Kopf
So fing sie an
die Welt zu entdecken
7237

Janosch:
Schnuddelbuddel
sagt Gutnacht
(Schreibschrift)
7506

Celestino und Ursula
Piatti:
Der kleine Krebs
7300

Bücher von Janosch
bei dtv junior

**Leo Zauberfloh
oder Die Löwenjagd
in Oberfimmel
7025**

**Lari Fari Mogelzahn
Abenteuer in der
Spielzeugkiste
7357**

**Der Mäuse-Sheriff
Lügengeschichten,
und zwar aus dem
Wilden Westen,
erlogen von einer Maus
7145**

**Onkel Poppoff
kann auf Bäume fliegen
7050**

**Lukas Kümmel
Zauberkünstler
oder Indianerhäuptling
7238**

**Hannes Strohkopp
und der unsichtbare
Indianer
7309**

**Schnuddelbuddel
sagt Gutnacht
7506**